Lysistrata

Krieg oder Liebe

Lysistrata

Krieg oder Liebe

Von Hans von Holt

Bibliografische Information der Deutschen Nationalbibliothek:
Die Deutsche Nationalbibliothek verzeichnet diese Publikation in der
deutschen Nationalbibliographie; detaillierte bibliographische Daten sind im
Internet über dnb.dnb.de abrufbar.

1. Auflage, 2022
© Hans von Holt, Zürich – alle Rechte vorbehalten.
Herstellung und Verlag: BoD – Books on Demand, Norderstedt
autoren@vonholt.ch
www.vonholt.ch
ISBN 978-3-7562-3295-6

Inhaltsverzeichnis

Lysistrata und Pandora (Blüte im Haar) sitzen auf antiken Tempelstufen, erinnern sich, wie es damals war, was hat geklappt, die Männer vom Krieg abzuhalten, was ist gescheitert.
Lysistrata lehnt an einer griechischen Säule. Im Vordergrund ein Kaufhauskleiderständer mit Rüstungsteilen säuberlich auf Bügeln im Angebot. Ein Tischchen mit einem Helm auf einem Styroporkopf. Daneben ein großer Kaufhaus-Spiegel. Antike und Moderne gehen ineinander über.

Abseits an der rechten Seite der Bühne steht eine Statue in weichem Licht. Man erkennt sie als Aphrodite, die Vorderseite fast nackt, die Hüfte hinter einem Gürtel mit verzierter Schlange verborgen. Sie steht unbeweglich, den rechten Ellenbogen in die linke Hand gestützt, in der rechten Hand einen Phallus wie ein Zepter haltend, lächelt undurchsichtig, trügerisch und verheißungsvoll. Aphrodites Rückseite ist in Schwarz gekleidet mit einer Maske als Persephone auf dem Hinterkopf. Persephone zeigt auf der Vorderseite die Göttin des Tode, ihre Rückseite ist wie Aphrodites Vorderseite.

(Licht langsam auf Aphrodite, die übrige Bühne ist dunkel)

APHRODITE

In antikem Tragödienton

Seid uns willkommen in diesem Rund,
an der Stätte, an der sich die Sinne ergötzen,
und folgt uns in diesem heiligen Bund
von Göttern und Menschen – gefangen in Netzen –
verführend geknüpft aus göttlicher Lust –

Lust, die auch *Menschen* befällt,
sie verstrickt – sich zu verletzen.

(abgründig)

Und die menschliche Lust
versinkt bald im Schlund
des Tartaros an ihre Quelle.

(wieder leichter)

Doch am Ende des Dunkels wird's wieder helle,
und wir feiern den Reigen der Liebe erneut,
und folgen den Musen der Lust hoch erfreut.
Willkommen in unserer Götter-Welt,
die sich um eure menschliche spinnt,
und euch in eurem *Traume* hält,
und zu *eurer Welt* wird,
in der die Lust gewinnt.
Licht an! Bühne frei!
Das Spiel beginnt ...

Licht an
Szene Lysistrata/Pandora.
Aphrodite fällt ins Halbdunkel zurück

LYSISTRATA

steht auf, betrachtet einen Kleiderständer mit Rüstungs-
teilen, kramt darin herum

Wir hatten es doch schon einmal geschafft!

PANDORA

Ja, damals – aber nur für kurze Zeit.

LYSISTRATA

Ich weiß. Es ist lange her. Aber es gab Frieden.
Seit langem einmal wieder.

PANDORA

Ja. Seit einer langen Zeit der Kriege war Frieden
in unserem Land.

LYSISTRATA

(ein wenig stolz)

Oder war es überhaupt das erste Mal, dass der Krieg wirklich ruhte? Und *wir* hatten ihn beendet?

PANDORA

(überlegt fragend)

Du meinst, seitdem er erfunden wurde? – Das weiß ich nicht genau.

(bestimmt)

Aber sicher seit sehr langer Zeit.

LYSISTRATA

(nachdenklich zu sich)

Seitdem er erfunden wurde ... Erfunden?
Oder gab es ihn von Anfang an? Schon die Götter haben Krieg gespielt ... und am Ende war das Göttliche vergessen ...

PANDORA

Aber du hattest es geschafft, die Frauen zu vereinen, um dem Krieg ein Ende zu setzen.

LYSISTRATA

(immer noch nachdenklich zu sich)

Wer hat bloß den Krieg erfunden ...

PANDORA

Und dann hatten sich die Frauen den Männern so lange verweigert, bis die Männer den Krieg niederlegten.

LYSISTRATA

Damals hat es geklappt, wenn auch nur kurz.
Oder war es nur die Zeit zwischen zwei Kriegen?

PANDORA

Du meinst, es war gar kein richtiger Frieden?

LYSISTRATA

(kommt wieder zu sich)

Es ist schwer zu sagen.
Von heute aus gesehen ist es komisch.

Lacht

PANDORA

Wieso komisch?

LYSISTRATA

Als die Männer lange genug nichts mehr hatten, wo sie ihr
«Ding» rein stecken konnten, war das Dilemma da:
Nur wenn sie die *ehernen* Schwerter in ihre Scheide steckten
– kam ihr «Ding» in die unsere.
Da steckten sie Ihre ehernen Schwerter weg.

PANDORA

(skeptisch)

Ja eben, für kurze Zeit. Wir hielten es für Frieden, naiv wie
wir waren! Doch der Krieg ruhte nur, solange die «Helden»
bei *uns* ruhten.
Eine trügerische Pause, wie sich herausstellte.

APHRODITE

*Wieder Licht auf Aphrodite, wedelt leicht mit dem Phallus,
verführerisch lächelnd*

*(leicht melodisch nach Verdis Arie aus Rigoletto: «La
donna è mobile» in Sprechgesang auslaufend)*

Ja - wie so trügerisch ...
in diesen – Sachen ....
sind Menschenherzen ...
es ist zum Lachen ...
die Sehnsucht nach Lust,
die Flucht vor dem Frust,
lässt mich in euch Illusionen entfachen ...

LYSISTRATA

Geht langsam zum Tischchen mit dem Helm

Und kaum hatten sie ihr Ding wieder bei uns in der Scheide, war alles schnell vergessen. Da dauerte es nicht lange, und sie zogen ihre ehernen Schwerter wieder aus ihren Scheiden – schieden von unseren Scheiden, und zogen wieder in den Krieg, um viele von Ihresgleichen HIN-SCHEIDEN zu sehen.

Hält den Helm, dreht und betrachtet ihn nachdenklich.

PANDORA

Ja, hin-scheiden – vom Leben geschieden – und wieder für lange Zeit – Tartaros.

PERSEPHONE

Kommt aus dem Dunkel, mit griechischem Tragödien-Ton...

So nähren sie den Strom aus Blut,
und tränken die Erde dunkelrot,
bis er versiegt in Tränenflut,
fließt junges Leben in den Tod.
Sie scheiden hin und scheiden von Scheiden,
geschieden hienieden, wo nichts mehr geblieben ....

Schüttelt lächeln den Kopf, zurück ins Dunkel

APHRODITE

(lächelt dazu, winkt mit dem Phallus ...)

Nun ja, bis *es* von neuem wächst ... mit neuem Leben ...

PERSEPHONE

(sarkastisch)

In meinem Reich wächst nichts mehr ...

LYSISTRATA

Sie redeten Blech,

(setzt den Helm auf)

kleideten sich in Blech, klapperten mit ihren Schwertern rum, zerstückelten sich gegenseitig damit, und schrien laut.

PANDORA

Manche kurz, manche für lange Zeit.

LYSISTRATA

Die einen aus Wut, die anderen vor Schmerzen
oder im Sterben, manchmal für lange Zeit.

PANDORA

Die Wut war kurz, der Schmerz war lang.
Die Ehre ertrank mit den Illusionen im Blut,
und Hades erntete reich.
Eisen im Fleisch, scheidet Fleisch,
scheidet Fleisch – für immer.

PERSEPHONE

Von der Seite aus dem Dämmerlicht

Die Ehre tragen die Menschen zu Felde,
die Ehre fordert ihren Sold!
Sie mäht das Leben hin in Bälde,
der Tod ist ihrer Ehre hold.
Die Erde saugt der Toten Blut.
Und Hades sammelt ihre Schatten.
Dahin ist ihre Lebensglut,
und alles, was sie einmal hatten.
So wird die Ehre auch zum Schatten,
sie löst sich auf – wie nie gewesen,
und alle Wesen, die sie hatten,
sind ehrenlose Schattenwesen.

LYSISTRATA

So war es – und so ist es.
Am Ende sind immer viele tot.

PANDORA

Für lange Zeit. Schade!
Wie viel schöner war das Stöhnen der Lust, als das Stöhnen
der Sterbenden auf dem «Felde der Ehre»!

LYSISTRATA

Und ihr Tod ist völlig sinnlos.

PANDORA

Das war er schon immer.
Illusionen – aus der Scheide gezogen – sind meistens tödlich,
jedenfalls, wenn Eisen im Spiel ist.

APHRODITE

(abseits)

Da habt ihr allerdings recht. Tod ist immer sinnlos –
mit oder ohne Scheide. Bei den Göttern!
Aber die Unsterblichen verstehen ja nichts vom Tod.

PERSEPHONE

(magisch)

Eisen scheidet – scheiden leidet.
Die Schatten lassen die Ehre zurück.
Das Leben als Schatten ist völlig entkleidet,
und bleibt den Sinnen der Welt entrückt.

LYSISTRATA

Und während die alten Rüstungen rosteten,
schmiedeten sie neue für die Jungen.

PANDORA

Nicht nur damals, schon immer und immer noch. Die
Schmiede schmieden, und was das Geschmiedete verspricht,
kann es niemals halten.
Damals nicht, und heute noch viel weniger.

PERSEPHONE

Von der Seite, wieder aus dem Dunkel kommend ...

Das war schon immer ein Phänomen,
was drauf steht, ist nicht immer drin!
Die Götter wahren ihr Gesicht ...
die Menschen tun's gleich, und wissen's nicht.

Zurück ins Dunkel ...

PANDORA

Resigniert

Alles Blech ... Was sie schmieden, was sie reden: Alles Blech!

LYSISTRATA

Mit Schmieden hast du ja reichlich Erfahrung,
wenn ich an deinen Liebsten denke.

PANDORA

Ex-Liebsten! Bei den Göttern! Ein ‹*göttlicher*› Schmied.

(lacht bitter)

Er schmiedete göttliche Liebesschwüre.
Scharf, wie seine Klingen – um dann wie ein Vagant
im Krieg zu verschwinden.

APHRODITE

Zuckt die Achseln ... prosaisch ...

So sind die Götter, damit müsst ihr Menschen leben ...

LYSISTRATA

Ich verstehe diese Lust nicht.

PANDORA

Welche Lust?

LYSISTRATA

Die Kriegslust. Die Lust, ihr fleischliches Schwert in unsere
bergende Scheide zu senken, scheint weniger attraktiv zu
sein, als die Lust, ein ehernes Schwert in lebendes Fleisch zu

rammen und sich an Schmerz und Tod zu ergötzen. Einfach pervers!

PANDORA

(abschätzig)

Um der «*Ehre*» willen ...

LYSISTRATA

So ein Schwachsinn!

PANDORA

Im Krieg ist das *Gehorsam*, im Frieden ist es Mord und pervers.

LYSISTRATA

Mord und Perversität sind eine Frage des Datums.

APHRODITE

Bei den Menschen ist das Datum wichtig.
Bei den Göttern ist das Datum nichtig.
Wer will den Göttern Befehle erteilen?

(lacht schadenfroh)

Ein menschliches Urteil kann hier nicht verweilen.

PANDORA

Wie der Mörder eine Frage der Bekleidung ist:
Hat er eine Rüstung an, ist er ein Held,
läuft er in Alltags-Kleidern umher, ist er ein Mörder.

LYSISTRATA

(zynisch)

Wie dein Schmied. Ein Schlächter in Rüstung und damit: Ein Held!

PANDORA

Ja ja! Ich weiß! Hab's ja begriffen!
Der soll mir unter die Augen kommen!

APHRODITE

Beruhige dich, Süße, das wird er nicht.
Vor den Menschen haben die Götter keinen Respekt –
bei den Frauen ist das inzwischen anders ....

LYSISTRATA

Entsetzt, erst jetzt sind die Göttinnen für sie hörbar

Ach so! Frauen gehören da also nicht zu den Menschen?!

APHRODITE

(beschwichtigt)

Nein, nein! So war das doch nicht gemeint. Eher umgekehrt!
Frauen sind ein wenig mehr – und von einer gewissen
Besonderheit – das haben die Götter – sagen wir es mal so –
inzwischen lernen müssen ...

(selbstverliebt)

...mit meiner Hilfe, versteht sich ....

PANDORA

Na toll! Trotzdem hat mich mein – *damals* – geliebter
Schmied sitzenlassen – mit dieser BÜCHSE! –
und seinem *göttlichen* Anspruch! Dass ich nicht lache!
Außer dem Schlachten mit dem Schwert hat der nichts
gelernt!

LYSISTRATA

Wirklich nichts ...?

PANDORA

Ach was!!! Bumsen und Krieg spielen! Das war´s!

LYSISTRATA

Immerhin, die Büchse, die er dir schmiedete, war ein
besonderes Geschenk – allerdings eins von denen,
hinter denen man schön verschwinden kann.

PERSEPHONE

Götter erscheinen wie aus der Stille der Wind,
und treiben es gern mit einem Menschenkind.
Und kaum erkannt, sind sie schon wieder fort,
für die Menschen verschwunden, doch an keinem Ort ...

LYSISTRATA

Dieses Geschenk ging als die «Büchse der Pandora»
in die Geschichte ein.

APHRODITE

(etwas abseits)

Was die Menschen sich so alles zusammenreimen.
Wenn Du wüsstest, wo die Büchse ursprünglich herkommt ...

PANDORA

Welch eine Geschichte! Kaum ein Mensch hat sie begriffen.
Als wir uns liebten, damals, legte ich all meine Liebe in diese
Büchse.
Als er verschwand, legte ich all meinen Schmerz dazu,
und – ohne dass ich es bemerkte, schlüpften die Schmerzen
des Krieges und seine Plagen mit hinein.
Seit dem Halte ich sie gut verschlossen,
meistens jedenfalls ...

APHRODITE

(immer noch abseits)

Da haben wohl einige an dieser Büchse herum gebastelt ...

LYSISTRATA

Ich weiß, Pandora. Trotzdem machen die Menschen deine
Büchse für ihre Plagen verantwortlich, damit sie nicht sehen
müssen, was sie alles *selbst* angestellt haben –
oder wenigstens zugelassen haben.

APHRODITE

(immer noch abseits)

Welch eine Erkenntnis! Damals dachten die Menschen,
sie könnten die Büchse der Pandora für alle Unbill
verantwortlich machen.
Heute ist alles aus dem Ruder gelaufen.
Die Gründe für ihre Plagen sind so vielfältig geworden:
Politiker, Pandemien, Krisen, Ämter, Nachbarn, Familie,
und vor allem: Die Gogomodematae ... –
naja, ich will euch nicht langweilen.

LYSISTRATA

Steht vor dem Spiegel, betrachtet sich mit dem griechischen
Helm mit Federbusch auf dem Kopf, dreht sich, lächelt.
Wenn's nicht Blech wär, könnt's modisch aussehen. Das gäbe
`ne neue Pariser Modefrisur.

PANDORA

(lacht)

Paris? Die sind noch nicht so weit. Die Gallier sehen ihre
«alten Zöpfe» voll als den Hit der Saison.
Und du weißt, wie lange bei denen eine «SSSÄÄSOÑG» ... ist.

LYSISTRATA

Ach ja, weißt du noch, ich erinnere mich,
der Frisör Jean-Louis Schneidenix ...

PANDORA

Ja, Schneidenix – für lange Zeit ... alte Zöpfe ...

*Lacht. Zwei Typen in Blech (antike Rüstung mit Schild)
bewegen sich im Schwertkampf mit viel Geklapper über
die Bühne, unartikulierte Kampftöne, Kriegsgeräusche,
improvisiert*

KRIEGER 1.

Ahh! Ohhh! Hau!!!

KRIEGER 2.

Whooo! Haoouuu!

Kurzes Kampfgetümmel mit ähnlichen Lauten ...

LYSISTRATA

wartet, bis der Lärm vorüber ist

Da siehst Du es. Das ist ihre Sprache:
Nichts als Blech!
Und was machen wir jetzt?

PANDORA

Zeit für Liebenix?

LYSISTRATA

Den hatten wir schon. Ich bin mir nicht sicher,
ob wir uns nicht was Neues ausdenken sollten.

PANDORA

Oder das Eine *nicht* tun und das Andere lassen.

LYSISTRATA

Was meinst du damit?

PANDORA

Das Alte «Nicht Tun» behalten – Scheide zu!
Schwert bleibt draußen -
und ein Neues «Nicht Tun» dazu?

LYSISTRATA

Du meinst, doppelt gelassen hält besser?

PANDORA

Ja, und für längere Zeit!
Wir müssen den Schmieden das Handwerk legen!

APHRODITE

(immer noch abseits)

Und immer diese Sentimentalitäten.

LYSISTRATA

Du meinst, den Waffenschmieden.

APHRODITE

bedeutungsvoll

Die Verflossenen werden die Zukunft bestimmen ...

PANDORA

Natürlich. Den Waffenschmieden und den Waffen*schiebern* –
und all den Gogomodematae.

APHRODITE

Bei den Göttern! Und die Gogomodematae?!
Was ihr euch alles vorstellt?

LYSISTRATA

Vor allem denen! Und was schwebt dir vor? Als Ergänzung?

PANDORA

Lass Dich überraschen.

LYSISTRATA

Für Überraschungen bist du berühmt.

PANDORA

Ja, meine Liebe. Ich bin die Frau mit der Büchse ...

APHRODITE

(grinst)

Jaaa - Jaaa ---

PANDORA

Die Götter haben die Männer und den Krieg erfunden!
Das fanden sie offensichtlich witzig. Dann machten sie den
Fehler, mich zu erschaffen. Jetzt müssen die Götter mit mir
rechnen. Denn auch ein Gott kann mich – Pandora –
einmal erschaffen, nicht mehr rückgängig machen.
Und das finden sie nicht witzig.

Kokett

Aber – zu spät ...

Pandora lacht herzhaft

LYSISTRATA

Das haben die Schöpfer immer vergessen:
Schöpfung lässt sich nicht mehr zurücknehmen.

Geht zur Büchse, nimmt sie liebevoll ...

APHRODITE

(verlegen)

Oh je! *Das* hätte sie nicht wissen sollen.

PANDORA

(Verschwörerisch - magisch)

Komm, meine Büchse! Zeig, was in dir steckt!

*Nimmt eine Blüte aus dem Haar und zupft daran,
Blatt für Blatt ...
Lächelt spielerisch*

APHRODITE

*Dreht sich spielerisch vor einem imaginären Spiegel,
mit magischem Tonfall*

Spieglein, Spieglein an der Wand ......

PANDORA

Du öffnest dich – du öffnest dich nicht – du öffnest dich –
du öffnest dich nicht – du öffnest ...

APHRODITE

...welch eine Plage geht durch das Land ...?

(grinst in sich hinein)

PANDORA

– du öffnest dich – du öffnest dich nicht – du öffnest dich!!! Und leere dich bis auf den Grund!

Pandora nimmt die Büchse, die neben ihr steht, streichelt sie liebevoll, hält mit der rechten den Deckel, zögert, lächelt.

BLACK

2. HINTERHOF

2.1 UNTERHALTUNG

Unterhaltung Hinterhof, offene Fenster ... Auf einer Seite ist eine Kneipe, zu dieser Zeit geschlossen, ein paar Stühle gegen die Tische gekippt, ein leerer Sonnenschirmständer. Es ist Morgen. Mona und Pito treffen sich, stehen rum und schwatzen.

MONA

Haste't gehört, wat Anna von Bertha gehört hat?

PITO

Neee

MONA

... und die hattet jelesen! Schwarz auf weiß!

PITO

Hat einen Sack mit Brötchen in der Hand, die sie gerade geholt hat. Begeistert ...

Hab ich auch gelesen, beim Brötchenholen. Im Blink.
Krieg is wieder *in*!

MONA

Wat tus'te denn begeistert? Dat find'ste jut?

PITO

Nee doch! Jut is anders. Aber das iss'n lukratives Exportgut. Wegen unsere Wirtschaft – reden se doch immer von, von *unsere Wirtschaft* ...

MONA

Wat? Steht det im Blink?

PITO

Nee! Steht da nich drin. Det hat Lyssi gesagt. Krieg is'n lukratives Exportgut. Sie machen ihn nicht mehr hier, die exportieren ihn. Willste 'n Brötchen?

Bietet ihr den Sack an ....

MONA

Wat Exportgut?!
Is aber immer noch Krieg.

Mona nimmt ein Brötchen aus dem Sack ...

PITO

Klar. Aber haste die Schweinerei nicht mehr im Haus.
Hamse schon mit den Kreuzügen ausprobiert, hat Lyssi
jesacht.

Pito nimmt sich auch ein Brötchen ...

Wenn der Krieg weit weg ist, sind die Bürger wieder
zufrieden.

MONA

Neee, zufrieden sind wir nicht!

Beißt ins Brötchen

PITO

Ja, weiß ich doch. Das sind viele nicht.
Lissy hat viele von uns mobilisiert.

Beißt ebenfalls ins Brötchen

MONA

Und was tun wir, wenn wir alle mobilisiert sind?

PITO

Wir lassen es!

MONA

Wir lassen es?! Was lassen wir?

PITO

Das mit den Männern:
Make war??? - NO LOVE!!!
Wenn's umgekehrt nicht geht.

MONA

Make Love - No war!!! Ja, das war unser Motto!
Das hat aber nicht funktioniert, damals.
Ich mein, mit dem Krieg ...

> *(zu sich)*

Aber hat so richtig Spaß gemacht.

> *(skeptisch)*

Und jetzt also Null-Sex für die kriegenden Herren?

PITO

Genau!

MONA

Und dann is Ende Krieg?

PITO

So hatted mal funktioniert. Damals.

> *Aus dem Hintergrund taucht Xenia auf, das Schwert auf dem Rücken*

MONA

Wie? Damals? Was war denn nu damals?!
Make-Love damals? Null-Sex damals?
Wat denn nu Damals-Damals?!

PITO

> *(genervt)*

«Make Love - No War» iss'n bisschen damals, und – na ja –
Null-Sex war sehr damals, bei die ollen Griechen und so,
und das war eher mühsam.

MONA

Die ollen Griechen?
Mussten die damals schon sparen???
Klar ist das mühsam ...

PITO

Was hat das Sparen denn mit Sex zu tun, sach mal?
Hasste gedacht, die ham dafür bezahlt – bei ihrer Ollen?

MONA

Wees ik nich, wat die EU allet für Steuern erfindet?

PITO

Mona! Die EU gab's da nicht!

MONA

Siehste! Wat hasste dann mittem Sparen?!
Aber die Kinder, die kosten Geld?
Und mit Null-Sex gibt's keine Kinder mehr.
Damals jedenfalls ...

PITO

Da haste Recht.

Xenia ist näher gekommen, hört interessiert zu ...

MONA

Dann sterben die Soldaten aus.

(überlegt angestrengt)

Das hat direkt was Positives,
wenn der Alte nicht mehr schnell aufsteigen kann ...

(zu sich)

Andererseits – gegen son'n knackigen Jungen hätt ik nix ...

beide lachen

XENIA

Da müsst ihr euch nicht zu viel erhoffen.
Sie ham doch den Krieg exportiert.
Und da, wo sie ihn hin exportiert haben,
da bestimmen die Frauen nicht.
Die können nicht einfach sagen:
Wir wollen nicht!

PITO

Sach mal, denn hatt dat alles keinen Sinn?!

MONA

Naja, aussterben, ik mein so janz, det kanns ja nich sein ...

XENIA

Nee, isses ooch nich. Die Kerle gehen dann woanders hin ...
Und Frauen kommen von woanders her ...
und alles mischt sich anders ....

MONA

Det klingt ja richtich nach Abwechslung...

PITO

Für die Kerle – was is mit uns?

Erschrickt

Ups, eigentlich wollten wir ja nicht ....

MONA

Ach komm, Pito! Wenn sich alles mischt,
dann auch für uns ...

(lacht schlüpfrig)

XENIA

Die Art Abwechslung willste garnich!

MONA

Wieso? Haste schlechte Erfahrungen gemacht?

XENIA

Ich weniger. Bei mir traut sich so leicht keiner.

Greift demonstrativ an ihr Schwert auf dem Rücken

MONA

Ach so ...
Ja dann ...

XENIA

Ja dann! Ich muss weiter.
Im Westen braut sich was zusammen ...
Viel Glück mit eurem Love-Projekt!

Geht ab

PITO

Und Tschüss!

(abschätzig)

«Love-Projekt»!!! Mann, Mann, Mann!

(zu Mona)

Hab ich mir gedacht, dass die nich mitmacht!
Schwert auf dem Rücken! Ha!

MONA

Ja! Hab ik jesehn!

PITO

Jetzt machen Frauen auch schon mit bei dem Schwachsinn!

MONA

Welchen Schwachsinn denn?

PITO

Na, das Krieg-Spielen! Was sonst!

MONA

Ach so ...

Pito denkt angestrengt nach

PITO

Irgenwie geht das Ganze nich auf ....
Wir müssen uns, glaub ich, was anderes überlegen ...

Pito geht ab ...

MONA

Bleibt kopfschüttelnd übrig

Das soll einer verstehen ... Krieg wech! Ja, das ist gut!
Aber erst *mit* Sex, geht nich .... – schade.
Dann *ohne* Sex, geht auch nich ... - wie auch.
Oder lieber umgekehrt, zuerst ohne, und dann mit ...
Das Gute kommt immer am Schluss ...?

Geht überlegend...

Ja! Und das «OHNE» war ja damals, ganz damals ...
Dann is jetzt .... MIT – suuuper!

Geht, Hüften schwingend...

BLACK / VORHANG

3. GESANG DER KRIEGS-SCHAUPLÄTZE

3.1 LYSISTRATAS ABENDLIED

Seit Ende des 2. Weltkrieges bis 1992 wurden allein 184 Kriege geführt, mit 12 Mio. Toten. Heute sind es wesentlich mehr.

Intro Musik

LYSISTRATA

Tritt auf mit Offiziersmütze und Offizierstab

Ist es nicht eigenartig?
Keiner will ihn, und alle machen immer mit.
Alle bekennen sich zum Frieden, und keiner verhindert den Krieg.
Viele müssen heute nicht mehr hingehen, der Krieg findet woanders statt.
Man könnte einfach die Waffenproduktion einstellen, aber dann fürchten viele um ihre heiligen Arbeitsplätze, und die sind wichtiger, als zerfetzte Menschen weit weg, die man nicht sieht.

Das Grauen geht nicht mehr unter die Haut. Die Bilder und Begriffe sind anonym geworden, haben uns überflutet, sie erreichen das Fühlen nicht mehr.

Man sieht die Nachrichten, verreißt sich, wenns hoch kommt, das Maul, Schuld sind die Anderen, und singt sein Abendlied ...

Musik Volksliedanklang

Maikäfer flieg
ein Vater ist im Krieg,
eine Mutter ist in Pommerland
Pommerland ist abgebrannt,
Maikäfer flieg.

Maikäfer flieg
die Drohne bringt den Krieg
Ein Spiel für unsre Waffenhändler
und anonyme Krisenpendler
Maikäfer flieg

Drohne, Drohne flieg
die Menschen spielen Krieg
mit Video und Fernbedienung
mit Joystick, Bomben und Verminung
Drohne, Drohne Flieg

Sprechgesang...

Und alle schauen zu – in den Nachrichten, auf gemütlichen
Bildschirmen, entsetzen sich –
bis zum nächsten Werbespot ...
Doch – wer weiß – irgendwann haben auch
die friedlichsten Konsumenten genug ...

Wieder Gesang ...

In Mutters Stübele, da weht ein kalter Wind,
in Mutters Stübele, da friert ein Kind.

Musik beat/pop....

In Mutters Stübele weht jetzt ein andrer Wind,
wir machen *Schluss* mit Krieg, wo *Mütter* sind!

Musik Wechsel zum Rap

LYSISTRATA

(Musik Rap....

*Es kann frei Improvisiert werden, je nach aktuellen
Geschehnissen – dazu die Einwürfe von Aphrodite / Persephone aus dem folgenden Song)*

Frieden in Vietnam,
den gibt es schon,
und in Afghanistan,
da träumt man davon,
Zimbabwe, Sambia und Paraguay,
in Nepal, Tibet, Tschad, Burkina Faso, Bangladesh, in Irland,

Pakistan, Zaire, Mali, Palästina, Rhodesien, Sri Lanka, Kuwait,
Mosambik, Kambodscha und Slowenien, Ruanda, Zypern,
Laos und Korea, Ghana, Kongo, Syrien und Jemen,
Israel, Irak, Iran, Algerien,
der Krieg hat jetzt mal endlich Ferien,
nach so viel tausend Jahren Blut,
der Frieden tut den Kindern gut,
in Mutters Stübele weht jetzt ein anderer Wind,
die Bomber bleiben am Boden,
auch wenn die Waffenschieber toben.

APHRODITE / PERSEPHONE

*(abwechselnd, jede immer eine Zeile,
Persephone in tiefer Lage nach jeder Zeile von* Aphrodite*)*

Die Liebe ist des Menschen Lust.
Lust ist manchmal auch die Liebe.
Triebe geben Lust den Menschen.
Triebe geben Krieg statt Liebe.
Krieg ist der Dieb der Lust vertrieb,
der Trieb zum Blut, der Blut vergießt.
Das Blut das tränkt die Erde rot,
rinnt dir davon zum frühen Tod.
Die Schatten suchen nach der Liebe,
verloren sind der Lust die Triebe,
bis die Seele in der Lust,
in einer Liebe – Brust an Brust –
erneut erblickt die Welt der Triebe,
schließt der Kreis sich in der Liebe ...?

Musik Coda

LYSISTRATA

(fällt ein)

Kriege gab es immer wieder,
mehr als der Mensch ertragen kann.
Das reicht jetzt!

energisch

Und es reicht schon lange!

Figuren: In Gruppen separat auf der Bühne:

-Hannibal & Napoleon
-Lysistrata & Pandora
-Mutter & Kind
-König Arthur
-Jeanne D'Arc

Jeder Dialog ist individuell, greift ineinander und ergibt dadurch neue Beziehungen im Inhalt.

HANNIBAL

Und ich sage es Dir nochmals:
Du hättest Elefanten nehmen sollen! Hättest du ...

NAPOLEON

Mit dem typischen Napoleon-Hut und Handschuhen, in Napoleon-Pose

Du meinst, die wären besser gepanzert gewesen?

LYSISTRATA

Und immer die gepanzerten Typen, Brustpanzer, Helm auf ...

PANDORA

...und nichts drin – viel Panzer, wenig Hirn!

HANNIBAL

Das ist alles eine Frage der Strategie.

NAPOLEON

In Strategie war ich immer ein Vorbild – historisch geradezu!

LYSISTRATA

Und immer von sich selbst überzeugt!

PANDORA

Je größer die Niederlagen, umso größer der Feldherr!

HANNIBAL

Die Logistik hattest Du nicht im Griff.

NAPOLEON

Logistik. Papperlapapp. Das gab's damals nicht.
Damals gab es den russischen Winter!
Da kannst du lange mit deiner Logistig *rüsseln*.

HANNIBAL

Winter hatten wir in den Alpen auch ...

NAPOLEON

Papperlapapp! Das lässt sich nicht vergleichen!
Ich sag nur: Russischer Winter! Da friert dir einfach alles ab!

KIND

Zeigt auf Napoleons Hut ...

Du-uuuu? Mamiiii – warum hat der kleine Mann so einen
großen Hut auf?

MUTTER

Ach, mein Kleiner. Das war damals so.

KIND

...und die Elefanten von dem großen Mann da,
hatten die auch solche Hüte auf?

MUTTER

Mein Kleiner, das war noch nie so.
Elefanten haben keine Hüte – höchstens im Zirkus.

KIND

Sind wir denn nicht im Zirkus???

MUTTER

verwirrt

Ich weiß nicht ... das hatten wir heute nicht vor ...

KÖNIG ARTHUR

*Kommt von der Seite mit seinem Schwert Excalibur,
schaut sich um, sucht ... mit englischem Akzent*

Please! Kann mir hier jemand sagen, wo es geht zum Gral?

HANNIBAL

Was ist DAS denn? Graaaal? 'Ne neue Pizzeria?

(ganz stolz)

Hab ich bei den Römern gelernt ...

NAPOLEON

zu Hannibal, abwinkend

Ach, laß mal, das war nach deiner Zeit ...

Zu Arthur

...Immer nach Osten. Nach Osten, da kommen Sie direkt
nach Gralingrad.
Da ist richtig was los, naja, erst später ... egal ...

(zu sich)

Ist ja noch nicht Winter ...

KÖNIG ARTHUR

Leicht verwirrt

Ich dachte immer, ich fände mein *Heil* im Westen ...

LYSISTRATA

(energisch)

«*Heil*» ist nicht mehr IN! Das würd' ich schön bleibenlassen.
Kommt nicht gut an!

NAPOLEON

Nach Osten! Glauben Sie mir, nach Osten führt der Weg.
Mit dem Westen haben schon viele geirrt –
besonders heute ...

Schüttelt den Kopf

... nach Westen! Dass ich nicht lache! Gralingrad im Westen!

Da gibt's nur Waterloo. Quel désastre!
Das lassen wir lieber ...

Jeanne d'Arc ist im Hintergrund aufgetaucht, wendet sich an Napoleon

JEANNE D'ARC

Das haben sie gut gemacht, Monsieur.

NAPOLEON

Pourquoi? Was meinen sie?

JEANNE D'ARC

Das mit dem Engländer da eben.
Sie haben ihn sozusagen in die Wüste geschickt.

NAPOLEON

In die Wüste? Wieso?

JEANNE D'ARC

Na ja, bildlich gesprochen.
Wäre ja ein Wunder gewesen, wenn ein Franzose einem Engländer hilft, und dann noch STRATEGISCH!

NAPOLEON

Strategisch? Äh – Da war ich immer ein Genie.
Meine strategische Kunst ist unüber ... tttro –

JEANNE D'ARC

Unterbricht ihn...

Natürlich, ich weiß ...

NAPOLEON

Sie meinen, ich hätte ihn absichtlich ...?

JEANNE D'ARC

Aber sicher doch ...
Das war offensichtlich.

NAPOLEON

Ich hatte das ernstgemeint. WIR (zeigt auf sich) haben mit dem Osten abgeschlossen. Gralingrad! Dass ich nicht lache!

Schüttelt den Kopf

Da kam keiner heil zurück!

(kichert)

Soll sich der Engländer dort die Zähne ‹ex-galibürañ›, äh, *ausbeißen*.

JEANNE D'ARC

Soweit ich mich erinnere, beißen die Engländer nicht. Sie *brennen* lieber ...

(zu sich, fröstelnd)

Ich erinnere mich genau ...

HANNIBAL

Ist ja gut! Seid nicht nachtragend. Wir waren bei den Elefanten stehengeblieben. Was machen wir jetzt damit?

JEANNE D'ARC

Elefanten!!! Das ist passé. Bei der heutigen Kriegführung?! Und dann das ewige Geballere!

NAPOLEON

Genau! Mit der heutigen Strategie ...! Stragegisch war ich immer ein Genie ... da hab ich ...

JEANNE D'ARC

(unterbricht mit wegwerfender Geste)

Natürlich ...

PANDORA

Ein Genie in Schlachten? – ha ha – IM Schlachten! – Im Menschenschlachten!

LYSISTRATA

Bei der Größe ...

Zeigt mit Daumen und Zeigefinger ... zynisch ...

Was für eine Strategie ...

(lacht, dann energisch)

Wie die *Gogomodematae* ...

NAPOLEON

zu Jeanne D'Arc

Madame, genug der langen Reden.

(schmierig)

Darf ich sie zu einem Filet Wellington einladen –
zart und ein wenig blutig ...

JEANNE D'ARC

Wenn's aus der französischen Küche kommt,
da sag ich nicht nein.

NAPOLEON

Naturellement, Madame ...

Napoleon reicht seinen Arm,
Jeanne D'Arc muss sich bücken,
Hannibal nimmt ihren Arm auf der anderen Seite ...

APHRODITE

(schaut sich die 3 genau an ...)

Ahhh, Menage a trois - wie süß.
Ein historisches Ereignis!
Und war bisher unbekannt.
Da werde ich gebraucht!
Da muss nach dem Rechten sehen ...

Lacht anzüglich, wedelt mit dem Phallus ...

So so, Filet Wellington nennt man das heute ...

kichert vor sich hin ...

Einfach süß ...

HANNIBAL

Ahhh, es gibt etwas zu essen! Wer zahlt?

JEANNE D'ARC

Gott in Frankreich! Wer sonst!!!

NAPOLEON

Naturellement, und wie immer großzügig ....

HANNIBAL

Schön, wenn's reichlich gibt!
Ich habe einen elefantösen Hunger ....

Sie gehen ab.

Vorhang

4. UNTERWELT

4.1 PERSEPHONES REICH

Lysistrata und Pandora wandern durch das Schattenreich. Soldaten mit verschiedenen Uniformen sitzen am Rande und unterhalten sich.

(Pantomime oder Schattenspiel)

Eingebettet in die folgenden Dialoge gibt es verschiedene Nebenszenen der Schatten, wie kurze Scharmützel, pantomimische Dialoge etc., die von den Damen zwar beachtet aber höchstens mit kurzem Kopfschütteln kommentiert werden.

PANDORA

Es ist nichts mehr, wie es war und wie es heute ist, das haben die Menschen noch nicht wahrgenommen.

LYSISTRATA

Ihre Wahrnehmung geschieht immer nach alten Mustern. Apropos, wo sind wir hier?

PANDORA

Keine Ahnung – Komischer Ort.

LYSISTRATA

Etwas ist anders. Es fühlt sich anders an.
Ahh! Jetzt weiß ich's: Das Licht ist anders.

PANDORA

Du hast recht. Eigentlich ist hier überhaupt kein Licht.

LYSISTRATA

Das ist komisch. Kein Licht – aber man sieht auch nicht einfach NICHTS.

PANDORA

Nicht einfach NICHTS, und ... man weiß nicht so recht. Ziemlich düster hier ...

(ruft laut)

HALLO ... HAAAALLOOOOO!

Aphrodite und Persephone erscheinen. Aphrodite ist eine helle Erscheinung, fast nackt, wie am Anfang, Persephone dunkel mit gleicher Frisur, die eine blond, die andere schwarz. Beide sind auf ihre Art schön.

Beide bewegen sich absolut synchron, da die selbe Figur. Immer abwechseln. Schnelle Wechsel mit kurzem ‹Black› des Scheinwerfers.

APHRODITE

Wer brüllt denn hier so ...

PERSEPHONE

...hier so rum?

PANDORA

(überrascht)

Ohh! Entschuldigung.

PERSEPHONE

Hier unten gibt es nichts mehr ...

APRHRODITE

... nichts mehr zu entschuldigen. Wer seid ihr?

PERSEPHONE

Erkennst du sie nicht?

(sehr ironisch)

Das ist die Pandora – die Allbeschenkte –
wie es so schön heißt ...

(lacht in sich hinein)

Von Zeus' Gnaden, und – wer hätte das gedacht:
Lysistrata, das Geschöpf des Aristophanes.

*Aphrodite dreht sich von Persephone
und begutachtet die beiden aus der Nähe*

LYSISTRATA

Wer ist DAS denn nun wieder: Arisstoff ...

APHRODITE

(unterbricht sie)

Tatsächlich!

zu Persephone

Ist ja wirklich duster hier ...

PERSEPHONE

...duster hier unten. Ja, das ist es.

*Lacht ... Bruch: verträumt wie aus einer anderen Welt zu
Pandora und Lysistrata*

Was – wollt ihr – hier in dieser ...?

LYSISTRATA

sachlich

Keine Ahnung.
Wir gingen so vor uns hin, unterhielten uns über ...

PERSEPHONE

gelangweilt

... die Männer, was sonst! Ich weiß!

(gähnt)

Wie langweilig!

APHRODITE

Na, na, na! Und überhaupt! Seit wann gähnst du?!

*Persephone macht eine wegwerfende Handbewegung.
Aphrodite zu Pandora und Lysistrata, schlüpfrig*

Und – dann?

PANDORA

Trocken

Ja, und dann war es plötzlich dunkel, ganz ohne Übergang, unmerklich, und wir waren hier – und – wo sind wir jetzt?

PERSEPHONE

Genau: Ihr seid JETZT!

LYSISTRATA

Wie? Wir sind JETZT?

PERSEPHONE

Eben: JETZT! Aber das wart ihr immer schon:
JETZT! Da, wo ihr jetzt seid!
DA ist jetzt der Hades – die Unterwelt, wie ihr es nennt.

Lysistrata und Pandora erschrecken fürchterlich und klammern sich aneinander

Ihr braucht nicht zu erschrecken – halb so wild.
Ich bin fast immer hier. Ich bin Persephone, das ist mein Reich. Und das ist, meine Liebe – sagen wir es einmal so: Meine Zwillingsschwester Aphrodite.

Pandora und Lysistrata erholen sich langsam

LYSISTRATA

Aphrodite! Natürlich! – Moment mal ...

(flüstert zu Pandora)

Ist das die versteckte Kamera?

PERSEPHONE

Meine Süßen, das gab es erst viel, viel später ...

PANDORA

Aha! Wir sind also – eher damals –
in der Unterwelt?

APHRODITE

Ja, in etwa ...

PERSEPHONE

...so ist es!

PANDORA

Das würde ja bedeuten, dass wir tot sind!

(erschreckt)

Du, Lysistrata! Kneif mich mal!

(Lysistrata kneift sie)

Auhhh!!! – Also doch nicht tot

PERSEPHONE

Bei normal sterblichen Menschen ist das so. Sie erblicken erst mein Reich, wenn sie tot sind.
Bei euch beiden ist es komplizierter.
Ääähhh ... erklär du es ihnen.

APHRODITE

Nein, mach du mal schön!

(abschätzig)

Im Erklären bist du besser.

PERSEPHONE

Diesmal nicht! Hier ist zwar mein Reich.
Aber die beiden haben sich verirrt.
Sie gehören in *Deine* Welt.
Du bist dran!

APHRODITE

(stöhnt)

Na dann! - also gut.

(spielerisch)

Du, Pandora, bist dem Geiste des Zeus entsprungen –

(schüttelt sich, dann erstaunt)

... das musst du doch wissen, Mädchen!

PANDORA

(belächelt das Ganze)

Das ist nur eine Sage!

APHRODITE

Ganz und gar nicht.

(Sehr bedeutungsvoll)

Zeus hat dich wunderbar erschaffen –
und zwar – aus Lehm ...

PERSEPHONE

(neckisch)

Kommt euch das bekannt vor?

PANDORA

(Kann das alles nicht ernst nehmen)

... aus Lehm, igittigit! Das ist doch Unsinn ...

LYSISTRATA

(zu sich)

... also doch versteckte Kamera ...

(winkt gelangweilt ab)

APHRODITE

Nun ja, richtige Menschen kommen anders zur Welt.

(streicht sich über den Körper)

PANDORA

(unwirsch)

Weiß ich doch! Was soll das?

APHRODITE

Na gut. Lassen wir das. Immerhin hat Zeus Dir eine Büchse
prall gefüllt mit ... naja – mitgegeben.
Und die hättest Du besser nicht öffnen sollen.

(scheinhelig)

Hat er dir das nicht gesagt?

PANDORA

Neee! Die hab ich von einem Schmied bekommen!
Und der hat überhaupt nicht viel gesagt.
Entweder bumsen oder Krieg – am besten beides.

(verschämt)

Ja, ich weiß. Es ist mir ja auch peinlich!

(Wütend)

Ich hab die Büchse nur ganz kurz geöffnet, nachdem der
abgeschlichen ist – ausgebumst und auf Kriegsentzug!

(Verlegen)

Ich wollte da gar nicht mehr rein gucken.

APHRODITE

(ironisch)

Ja, natürlich! Von Deinem Schmied!
Und woher hatte der sie? – Nun?

PANDORA

zuckt verlegen die Achseln

PERSEPHONE

Schwamm drüber – passiert ist passiert.
Hier unten ist das unwichtig. Die Büchse jedenfalls stammt
vom Zeus. Er hat dir das Ding über deinen Schmied
einfach untergejubelt ...

APHRODITE

(mit verführerischem Lächeln)

... und mit einer diebischen Freude ...

PERSEPHONE

Zeus hat nie halbe Sachen gemacht.
Er wusste genau, was passieren würde.

APHRODITE

(winkt ab, sinnlich)

Na ja! Eigentlich wusste er immer nur, wen er gerade flach legen wollte ... der alte Schwerenöter ...

PERSEPHONE

(bedeutungsvoll)

Nenn es: Bestimmung.

LYSISTRATA

(empört)

Was? Die Lust vom Zeus – Bestimmung?!

APHRODITE

Neee! Die doch nicht!
Bestimmung betrifft nur die Sterblichen.

(ironisch)

Oder nenn es: «die Macht des Schicksals»,
wie die Triebe und das Treiben derselben
immer gerne genannt werden ...

(theatralisch)

Ich bin die Lust, die nie verneint,
die alle liebevoll vereint.
Und das mit Recht!
Denn alles, was sich schmiegt,
vereint, sich sinnlich nennt,
das ist mein eigentliches Element!

LYSISTRATA

(nachdenklich)

Irgendwo hab ich das schon mal gehört ...

PERSEPHONE

Wie du siehst, kannst du dich für deinen Schmied
bei Aphrodite bedanken...

(abfällig)

...der alten Kupplerin ...

APHRODITE

(geschmeichelt)

Ist doch immer wieder gerne geschehen ...!

Lysistrata macht wütend die Faust und wendet sich ab

PANDORA

(ärgerlich)

Na toll! So hab ich das noch nie gesehen!
Die Auswirkungen zeusischer Triebe führen zu der
Bestimmung des menschlichen Schicksals ...

(ironisch gehaucht)

Durch Aphrodites «Vermittlung» ... – Aai ai ai ai aai ...

APHRODITE

(rezitiert)

Das ist der ewige Reigen.
Die Lust ist dem Leben eigen,
und gaukelt von ewiger Liebe.
Das Leben zeugt durch Lust sich selber,
die Menschen woll'n sich gern vergaffen,
da gibt es Kinder oder Kälber,
es macht der Mensch sich gern zum Affen,
verwechselt Liebe mit dem Triebe ...

PERSEPHONE

(rezitiert weiter)

... bis überreif fällt bald die Lust
hinab ins Reich der Schatten
wie faule Früchte von den Bäumen.
So folgen die Sterblichen

der sterbenden Lust zu den Schatten,
wo sehnsuchtsvoll die Toten trauern
um den Schatten ihrer Lust,

(magisch)

die beraubt ist ihrer Glut:
Ihr fehlt das Blut.

APHRODITE

(bedeutungsvoll)

Ja! Ja! - Blut ist ein ganz besond'rer Saft ....

PANDORA

(nachdenklich)

Das hab ich auch schon mal irgendwo gehört?

APHRODITE

(ein wegwerfender Blick zu Pandora - ablenkend)

Und nun zu dir, meine streitbare Lysistrata.
Bist du ein sterblicher Mensch?

LYSISTRATA

Aber ja doch!

APHRODITE

(lacht amüsiert)

Aber nein doch!
Du bist über 2500 Jahre alt und lebst immer noch.
Dank der Genialität deines Schöpfers Aristophanes
bist du unsterblich!

LYSISTRATA

Meine Götter!!! Schon wieder dieser Arisstoff ...
Was hab ich mit dem zu tun?!

PERSEPHONE

(mahnend)

Ja ja! Du bist einer dieser ...

(mit Nachdruck)

Unterwelt-*Verweigerer* ...

LYSISTRATA

(mit einem Anflug von Großspurigkeit)

Wenn man's kann! Ist ja wirklich duster hier.
Wer geht da schon freiwillig hin?

PANDORA

Schaut sich um, sucht ... (Zu sich)

Doch die versteckte Kamera ...

PERSEPHONE

Es wird niemand gefragt. Sie fallen mir alle von selber zu –
die Verdränger wie die Leugner.
Wie überreifes Obst von den Bäumen.

PANDORA

(leise zu Lysistrata)

Du! Bist du sicher, dass wir hier nicht in irgendeiner
Anstalt gelandet sind?

LYSISTRATA

(leise zu Pandora)

Bei den Göttern! Ich hatte auch schon so Gedanken.
Wobei ich mich fragte, was der Unterschied ist:
Götter – Anstalt – Unterwelt – Gogomodematae ...
Oder bei kriegführenden Männern ...?

Inzwischen haben sich zwei Soldaten (Krieger 1 und Krieger 2) in den Vordergrund gekämpft. Lysistrata geht auf die beiden zu.

Lysistrata ruft den beiden zu.

Haaalllooo! Aufhören! Der Krieg ist aus!!!

KRIEGER 1.

Was ist denn, zum ... aaahhhh ....

Weiter kommt er nicht, denn Krieger 2 rammt ihm sein Schwert in den Leib und der schwer Getroffene bricht zusammen

LYSISTRATA

(zu Krieger 2)

Bist du wahnsinnig? Schluss mit Krieg!

KRIEGER 2.

bedroht Lysistrata mit dem Schwert

Hinweg Weib! Frauen auf dem Schlachtfeld bringen Unglück!!!

Lysistrata weicht zurück und sucht bei den anderen Frauen Schutz. Nach einer weiteren Drohgebärde stürzt er sich wieder ins Schlachtgetümmel im Hintergrund

LYSISTRATA

ist außer sich

Meine Götter!!!

APHRODITE / PERSEPHONE

Na, na, na!

LYSISTRATA

Jetzt habe ich den Tod eines Kriegers verschuldet!!!
Er war so jung und soo ...

APHRODITE

Meine Liebe, das ist das Elend! Sie schlachten sich gegenseitig, bevor ich ihnen zeigen kann, was wichtig ist.

(stöhnt)

Ich könnte ihnen zeigen, wie man das Blut in Wallung und zum Kochen bringt. Stattdessen vergießen sie es sinnlos auf Befehl von irgendwelchen gierigen Idiotes.

PERSEPHONE

(gelassen)

Na ja! Hier unten nicht mehr ... Blut gibt es hier nicht ...

LYSISTRATA

Schaut doch ... wie es scheint, ist er nicht tot ...

> *(wie zur Bestätigung bewegt sich Krieger 1, erhebt sich mühsam, nimmt sein Schwert auf und torkelt nach hinten in die Schlacht, wo er gleich wieder eins auf den Deckel kriegt)*

PERSEPHONE

Beruhige Dich. Er ist schon lange tot. Fast 2000 Jahre. Aber er hat es immer noch nicht gemerkt. Was meinst du, warum die da hinten ein derartiges Affentheater aufführen?
Sie sind gestorben als «Helden» auf dem Schlachtfeld!
Und weil sie es nicht gemerkt haben, treiben sie das gleiche Spiel wieder und wieder, sterben ihre «Tode» immer wieder neu!

LYSISTRATA

Das ist ja schrecklich! Hört das denn nie auf?

APHRODITE

Schwer zu sagen. Pandora sollte am Ende die Hoffnung in die Welt tragen. Darum besteht die Hoffnung, dass es einmal ein Ende hat.

PERSEPHONE

(energisch)

Hoffnung! Hier unten gibt es keine Hoffnung. Hier unten gibt es nur Tatsachen. Hoffnung ist die Abwesenheit der Lösungen!

Die Erkenntnis der Tatsachen braucht keine Hoffnung,
sie ist Gewissheit.

APHRODITE

(schmeichelnd)

Sei nicht so hart, Schwesterherz!
Die Menschen brauchen das.
Als Orakel würde ich sagen:
Es ist nicht aller Tage Abend!

PERSEPHONE

Sei nicht albern! Wahrsager-Gesülze!

LYSISTRATA

Ist ja gut! Wenn wir schon von Bestimmung reden,
dann ist es meine Bestimmung, Frieden zu schaffen!

APHRODITE

Ach meine Süße. Du bist so alt geworden und hast es mit
unermüdlichen Versuchen nicht geschafft.

LYSISTRATA

(empört)

Was! Nicht geschafft! Und das «alt» nimmst du zurück!
Natürlich haben wir es geschafft.

APHRODITE

Ja, ja! Ich weiß: DAMALS! Weißt Du, wie lange das her ist?
Und wie kurz es gedauert hat?!

LYSISTRATA

Nun ... etwa ....

(rechnet...)

APHRODITE

Eben!!! Da siehst du es! Heute ist alles anders.

PERSEPHONE

Steht im Abseits

Es ist immer Heute! Und es war nie anders.
Der ewige *Kreislauf von Leben und Schatten*
gebiert sich selbst.
Das Eine kann ohne das Andre nicht sein ....
Schön, was ihr vorhabt. Das Ende des Krieges, das Ende des
Kampfes. Bei mir ist der Kampf zu Ende.
Aber - bei mir ist der Tod zu Hause. Die Ernte, das Ende der
Sterblichen. Und es ist gleichgültig, ob die Ernte durch das
Schwert geschieht, oder durch den natürlichen Verfall
eueres Fleisches.

Denn etwas habt ihr vergessen: Ich bin die *Rückseite* dessen,
was ihr unterbinden wollt. Und nichts könnt ihr unterbinden,
ohne dass ihr die Rückseite ebenfalls auslöscht.
Solange ihr mit mir, mit eurer Sterblichkeit leben müsst,
haften die Liebe und die Lust an euch
wie Pech und Schwefel ....

LYSISTRATA

(nachdenklich)

Und?! Was soll ich jetzt tun?!
Nach Meinung von Frau *Orakel*?!

APHRODITE

Ach weißt du, früher habe ich oft in Rätseln gesprochen.
Das hat alle verwirrt. Die Denker und die Philosophen –
die Nicht-Denker und die Politiker – ja, und die Feldherren,
das waren die Schlimmsten,
und die Gogmodematae natürlich ...
Ich bin des Rätselns müde geworden.

LYSISTRATA

Sehr klar drückst du dich jetzt *auch* nicht aus.

APHRODITE

Deshalb stelle ich Dir eine einfache Frage:
Was sollte man tun, wenn ein Weg nicht zum Ziel führt?

LYSISTRATA

(leicht amüsiert)

Du wirst es mir gleich sagen.

APHRODITE

Ich gebe dir die Antwort,
was ich bisher nie getan habe.

LYSISTRATA

Ja bitte, da bin ich mal gespannt ...

APHRODITE

(salbungsvoll, mystisch wie das Orakel)

Man beschreitet einen anderen Weg.

LYSISTRATA

(ironisch)

Aha! Da wär ich allein nicht drauf gekommen.

APHRODITE

(hat die Ironie nicht verstanden)

Komm Mädchen, sei nicht begriffsstutzig!

LYSISTRATA

Und der andere Weg ist ....

APHRODITE

(bedeutungsvoll)

...ist eben der Andere!

LYSISTRATA

(verdreht die Augen, zu Pandora)

Ja, genau! Das dachte ich mir – Neues aus der Anstalt ...

PANDORA

(grinst)

Heureka!

APHRODITE

Siehst du. Ist nicht so schwer.

(bewegt sich lustvoll)

Wenn du Lust hast, hast du Lust –
und wenn du keine Lust hast – dann mach ich dir eine.

(zu sich)

Ich habe schon Götter verführt – Unsterbliche wehrlos der
Lust erlegen, als wären sie Sterbliche,
flattern als Schwan um ihre Liebste,
oder werden zum Stier für Europa,
die schönste von Kleinasiens Töchtern!

(lacht lustvoll)

PERSEPHONE

(genervt)

Ist ja gut, Schwesterherz! Wir kennen deine Erfolge.
Nur dass die *Sterblichen* die arme entführte Europa
auch noch *globalisiert* haben!
Das hat sie nicht verdient!

(abgelöscht)

Du und deine ewige Lust ...!

wendet sich ab

LYSISTRATA

*(zu Aphrodite, sich langsam steigernd, ironisch –
lächerlich)*

Das war dann einfach lüsterne Lust ....

APHRODITE

(sich ebenfalls steigernd, nimmt sich aber vollends ernst)

Ja, genau.

LYSISTRATA

(Gespielt empathisch)

Brodelnde Lust ...

APHRODITE

(immer brünstiger)

Ja, genau – ahh.

LYSISTRATA

(expressiv lustvoll)

Ein Vulkan von Lust ...

APHRODITE

(expressiv lustvoll)

Ja, genau – ahhh.

(völlig verwirrt)

Ehh, wer ist jetzt hier die Liebesgöttin???!!!

PERSEPHONE

von der Seite

(kühl, trocken)

Weißt Du, Deine Ausdrucksweise war schon mal
differenzierter.
Aphrodite, Göttin der Liebe, der Verführung und vor allem der
Kunst der Erotik – Ha! Brunstschreie! Dass ich nicht lache! –
Stierisch!!!

APHRODITE

(kleinlaut)

Ja, genau! – Man lernt nie aus.

LYSISTRATA

Während der Dialog weiter geht, hat sich Lysistrata ausgeklinkt. Sie entfernt sich von der Gruppe und man sieht ihr an, dass sie nachdenken muss. Sie beobachtet die kämpfenden Krieger / die friedlichen Schatten ...

APHRODITE

Nun zu dir, Pandora. Wie kommt es, dass du dich neuerdings mit Lysistrata gegen die Herren der Schöpfung verbündest?

PANDORA

Das ist einfach.
Lysistrata will den Krieg aus der Welt schaffen.
Und ich will es auch.
Dafür halte ich den Krieg und seine Plagen
in meiner Büchse verschlossen.

PERSEPHONE

Und das hat dann was genützt ... beim Zeus!
Die Krieger fallen immer noch wie faule Äpfel in mein Reich.
Wie ich schon sagte: Leben und Tod sind nicht trennbar,
und es ist egal, wodurch der Tod erstorben wird.
Früher brachten sie den Schatten ihrer Rüstungen mit, heute sind sie durchlöchert oder voller Bombensplitter oder krepiert durch Uranmunition. Zum Glück strahlt hier unten nichts mehr! Du siehst, es gibt auch Vorteile.

APHRODITE

(theatralisch, sentimental)

Es ist schade um die Menschen.

LYSISTRATA

Steht an der Seite, das Ganze hat sie nachdenklich gemacht und verunsichert in ihrem ursprünglichen Vorhaben

Es ist wirklich schade um die Menschen – und um die Liebe.
Wenn die Schatten einmal bemerkt haben, dass sie tot sind,

erwacht eine neue Liebe bei vielen. Das kann ich sehen hier
unten. Die Lebenden nehmen sie nicht mehr wahr.
Und ohne Körper scheint es schwierig zu sein –
es fehlt das Blut ... darüber muss ich nachdenken ...

APHRODITE

(zu Pandora)

Du hältst deine Büchse gut verschlossen.
Das ist richtig so. Lass niemanden da ran ...

(Verführerisch)

... und vergiss den Schmied ...

PERSEPHONE

Zeus hat den Menschen nie verziehen,
dass sie das Feuer von Prometheus erhalten haben.
Und der Schmied war von ihm auserkoren,
dich zur Leidbringerin zu machen ...

APHRODITE

(spielerisch)

Sinnig, das Ganze, nicht wahr:
Feuer – Schmied – Leid – Tod.

PANDORA

Das ist niederträchtig!

PERSEPHONE

Den Krieg hat Zeus auch in deine Büchse gepackt. Der ist nur
ein Teil der Plagen ... der Plagen ... der Plagen ....

*Der letzte Teil verhallt im Echo seiner selbst, Aphrodite
und Persephone verschwinden im Dunkel, ab*

PANDORA

(wütend)

So was Abscheuliches!
Und ich dachte, der ist mir da mit rein geschlüpft!
Das ist niederträchtig!

(energisch)

Dann hat Zeus den Krieg erfunden ...

LYSISTRATA

Nee, ich glaub, das ist komplizierter ....

geht zu Pandora, zeigt auf die hintere Seite

Du? Hast du gesehen – da hinten?

PANDORA

Dreht sich um, schaut nach hinten

Ja! Das sieht wie eine Treppe aus ...

LYSISTRATA

Und da oben scheint Licht herzukommen.

PANDORA

Ich sehe es. Komm, wir verabschieden uns hier ...
Da geht's rauf!

LYSISTRATA

Wo sind den unsere Göttinnen???

PANDORA

Die sind weg! Ohne was zu sagen.

LYSISTRATA

Als wären sie nie da gewesen.

PANDORA

Mann, Mann, Mann, ist das alles komisch.

LYSISTRATA

(wieder in Gedanken)

Mann – oder nicht Mann – ist das eine Frage?

BLACK

5. HINTERHOF

5.1 DIE OBERWELT

Die Welt der Lebenden. Hinterhof wie 2.

Mona, Pito diskutieren weiter. Aus einem Kelleraufgang, der zum Hof führt, kommen Lissy Strathen (alias Lysistrata) und Dora Panne (alias Pandora)...

PITO

Wie war das jetzt mit unserer Abwechslung.
Ich mein, son'n Projekt muss auch 'n bisschen Abwechslung hamm!

MONA

schon – aber ...?

(reisst sich zusammen)

Du denkst immer nur an det eine! Um det jeht et doch, dat et *nich* darum jeht! Und det jeht nich – einfach so!

PITO

Wees ik doch!

(zu sich)

Jeht irjendwie gegen die Natur – meine jedenfalls.

MONA

(impulsiv)

Meine doch auch!

(Bruch, sucht die Vernunft...)

Aber, so jeht et doch nich!

PITO

zeigt zur Kellertür.
Auftritt Lyssi Strathen (Lysistrata) und Dora Panne (Pandora)

Schau mal. Da kommt ja die Abwechslung!

LYSSI STRATHEN

Tritt aus der Kellertür

Na, was diskutiert ihr hier ...

PITO

Ja sowas!? Die Lyssi Strathen persönlich!

Dora Panne kommt gleich hinterher ...

MONA

...und unsere Dora Panne is auch da ...!

PITO

Wo kommt ihr denn her???

DORA PANNE

Neee, dat willste nich wissen!

LYSSI STRATHEN

Neee – nech! Dora, mach die Kellertür zu!
Det is sicherer!

DORA PANNE

Jawoll! Haste recht! Kommt 'n bisschen *kühl* rauf ...

(schüttelt sich. Zu sich)

Von dem bekloppten Verein da unten ...

Schließt die Kellertür geräuschvoll und schließt 2-mal ab

MONA

Wat is denn mit dem Keller los?

LYSSI STRATHEN

Ne, ne, is schon gut.

MONA

Immer versteh' ich wat nich!

LYSSI STRATHEN

Wat verstehste nich?

MONA

Erst is alles so – dann wieder sooo – und dann wieder allet
anders ...
Und jetzt is auch noch der Keller komisch ...

PITO

Funktioniert alles nich soo, wie wir jedacht haben ...

LYSSI STRATHEN

Nee. Funktioniert alles anders.
Hab ich schwer nachdenken müssen ...

> *An der Seite geht die Kneipe auf. Aphrodite
> erscheint im Kellnerinnenkostüm, macht sich an den
> Tischen zu schaffen*

... und da bin ich immer noch dran ...

MONA

Wo biste dran?

LYSSI STRATHEN

Na, am Nachdenken.

MONA

Ach so ....

DORA PANNE

Guck mal! Die Kneipe geht auf!

> *Die Tische und Stühle werden zurechtgerückt,
> Tischdecken, Getränkekarten ...*

APHRODITE

> *Bringt einen Sonnenschirm*

Dass hier mal endliche die Sonne scheint!
War ja echt 'n bisschen dunkel in der letzten Zeit.

> *Hebt den Sonnenschirm hoch, säuselt zweideutig ...*

Du wirst schön aufgespannt – der Ständer wartet schon ...

> *geht hüftenschwingend wieder hinein*

LYSSI STRATHEN

Du, Dora! Kommt dir die nicht bekannt vor ...?

DORA PANNE

Mensch Panne! Dat isse doch! Die von neulich ...

LYSSI STRATHEN

... da im Dunkel, im Keller, und so ...

MONA

Was tuschelt ihr denn da? Schon wieder der Keller ...???

DORA PANNE

Lass mal. Is alles gut!
Gehn wir was trinken?

> *Ein Typ, stämmig, schwarze Lederjacke, enge Jeans,*
> *kommt Richtung Kneipe ...*

PITO

(fasziniert, zeigt auf den Typ)

Kiek ma! Det is'n heisset Teil ...

DORA PANNE

Erkennt Vulkano, ihren Ex-Schmied, erstarrt vor Schreck

Mensch Panne!!! Nee, nech?!

MONA

Wat is denn?

DORA PANNE

Nix mit trinken! Ik bin wech!

MONA

Ik find ooch, dat der toll aussieht ...

LYSSI STRATHEN

Mona! Das ist der Ex von der Dora!
Verstehste?!

MONA

Mir sacht ja niemand wat ...!

Inzwischen hat sich Vulkano an einen Tisch gesetzt, liest die Karte, hält sie verkehrt herum ...

DORA PANNE

Und jetzt tut der noch so, als ob er lesen kann!
Ne! Nech! Ik bin wech!

LYSSI STRATHEN

Du Dora! Weißt Du was?

DORA PANNE

Nee? Was denn?

LYSSI STRATHEN

Wir gehen Kleider kaufen. Nach der Unterwelt brauchen wir was Neues! Und ausgehen müssen wir auch heut Abend!
Na, was findste?

DORA PANNE

Suuuper!!! Ich bin dabei!!!

Lyssi ist begeistert, bereit zum Gehen. Dora schaut sich noch um, was da mit Vulkano und Aphrodite passiert ...

Aphrodite kommt an den Tisch zu Vulkano, um die Bestellung aufzunehmen

APHRODITE

Guten Morgen, der Herr! Was darfs denn sein?

(schlüpfrig)

Was kühles Schaumiges oder lieber was Warmes ...?

VULKANO

(taxiert die Weiblichkeit)

Kühl und schaumig klingt gut.

APHRODITE

Gerne, der Herr!

Geht mit wackelnden Hüften wieder hinein.
Vulkano schaut vergnügt vor sich hin, spielt mit der Karte,
die er nicht lesen kann.

DORA PANNE

Wenn die Tussie den Haudegen abschleppt! Mensch Panne!
Das halt ich nicht aus! Ik bin wech!

Dora bleibt wie angewurzelt stehen.

Musik Intro, untermalend

VULKANO

(in grenzenloser selbstüberschätzung)

Welch ein Morgen. Wunnebaaa. Echt zum Helden-Zeugen

(lacht sich halb tot)

Ha ha ha,! Das bin ich ja selbst schon ...

Steht auf und geht ungelenk tänzelnd mit eindeutigen
Absichten hinter Aphrodite hinein

Musik voll, Gesang der Frauen -
Doppel-Duet: Dora-Lyssi und Aprodite-Persophone

DORA PANNE

Ich bin denn mal weg,
doch wohin soll es gehen?

LYSSI STRATHEN

Schon wieder ein Frust,
man kann es verstehn.

DORA/LYSSI

Das Rad dreht sich weiter,
und das schon zu lange.
Wir laufen wie Hamster,
mir wird langsam bange.

APHRODITE

Es dreht sich die Liebe
wie immer im Kreise

PERSEPHONE

Es treiben die Triebe
euch auf ihre Weise.

APHRODITE / PERSEPHONE

Das Rad dreht sich weiter,
die Götter schaun zu,
verstricken sich selber,

APHRODITE & PERSEPHONE

Zeigen aufeinander, im Sprechgesang

Am Schluss drehst auch du!

DORA PANNE

Die Göttin serviert,
der Schmied schäumt vor Liebe,

LYSSI STRATHEN

die Götter verfangen sich
in unsre Triebe,

DORA/LYSSI

das Rad dreht sich weiter
und das schon zu lange,
auch Götter sind Hamster,
bald wird ihnen bange.

APHRODITE

Hab lang euch verleitet,
hab die Lust angefacht,

PERSEPHONE

Hab die Menschen geleitet
in finstere Nacht.

APHRODITE / PERSEPHONE

Haben weiter gedreht
das Rad, das nie steht.
Bis wir Götter unmerklich
gesunken und sterblich.

DORA PANNE

Zuerst habt ihr *uns* im Rad gesehen,
dann fielt ihr hinein, so ganz aus Versehen,

LYSSI STRATHEN

Durch Verführung verführt,
jetzt dreht ihr am Rad.

DORA/LYSSI

Noch dreht sich das Rad,
doch es bleibt langsam stehen,
und wir steigen da aus,
und das nicht aus Versehen.

DORA/LYSSI/APHRODITE/PERSEPHONE

Ob Götter, ob Menschen,
es ist einerlei,
die Räder stehn still,
das Leben ist frei.
Wir leben das Leben
als göttliche Menschen,

PERSEPHONE

und am Ende als Sterbliche!
Das ist unabdingbar!
Vom Schicksal ist eben
ein neuer Anfang hinieden,
einem jeden gegeben.
Von oben nach unten,
und wieder zurück!
Und auf ein Neues, ihr Menschen!
Ich wünsch euch viel Glück!

Persephone winkt ... geht ab

DORA/LYSSI/APHRODITE

Wir drei bleiben oben
in der Welt der Erfahrung ...

DORA PANNE

Sprechgesang

Und überhaupt, wir wollten doch Kleider kaufen ...

LYSSI STRATHEN

Ja richtig! Komm! Lass uns gehen ...

Beide mit Begeisterungsrufen ab...

Musik klingt aus...

APHRODITE

Schaut sich um, überlegt...

Dann muss ich mich wohl mal nach einem neuen Job
umsehen ...

BLACK

6. EPILOG

6.1 WARENHAUS

Warenhaus wie in Szene 1. Es gibt keine Rüstungen mehr, alles moderne Kleider, zeitangepasst.
Links eine Werbewand, Plakate, ganz groß sichtbar das Plakat: Hannibal und sein Elefanten-Zirkus.

An der rechten Seite der Bühne, wo früher die Statue von Aphrodite stand, befindet sich ein Kosmetikstand. Dahinter Aphrodite in modernem Verkäuferinnenoutfit, hält einen überdimensionalen Lippenstift in der rechten Hand (wie am Anfang den Phallus), Ellenbogen in die linke Hand gestützt.

Sie lächelt nicht mehr, sie schaut «abgelöscht» drein.

LYSISTRATA

Schau mal! Diese Kleider! Ist alles viel kuscheliger als früher.

PANDORA

Wühlt in den Kleidern ...

Ja, toll ...

LYSISTRATA

zu Aphrodite

...und diese Farben, richtig sexy.

Nimmt ein Kleidungsstück, Aphrodite zieht ein Gesicht.

Das würde perfekt zu dem Lippenstift da passen.

zeigt auf Aphrodites Lippenstift in der rechten Hand.

APHRODITE

(abgelöscht)

Ja, ja! Alles ganz verführerisch.

PANDORA

Hat Aphrodite erkannt. Stichelt ...

Wo man sich immer wieder trifft!!! Wie geht's denn mit Ihrem ... Vulkano ...?!

APHRODITE

(perplex)

Entschuldigung! Ich bitte Sie! Was geht Sie denn das an!?

PANDORA

(beiläufig)

Ach, nur so ... Der war mein – Ex!

APHRODITE

(erschrickt)

Oh ... Ja ... dann! –
Dann wissen Sie ja, wie das läuft bei dem!
entweder bumsen ... hu-hu-hu-hu-hu-hu

imitiert mit ihrem überdimensionalen Lippenstift

Oder Gameboy mit Kriegs-Spielen! Da-da-da-da-da-da ...

schießt symbolisch mit ihrem überdimensionalen Lippenstift wie mit einer Maschinenpistole.

PANDORA

Danke! Kenn ich! Früher ist er richtig in den Krieg gezogen.

APHRODITE

Der volle Ablöscher!

PANDORA

Allerdings! Nichts als Blech!

APHRODITE

Wieso Blech?

PANDORA

Damals war es Blech, Rüstung und so.
Heute ist es Stahl und Uran.
Das Prinzip ist immer das Gleiche.
Immer noch auf dem Niveau der Steinzeit ...

APHRODITE

Ja! Immer das Gleiche! Ich hab genug!
Ich geh' erst einmal in Urlaub!

LYSISTRATA

Kommt dazu, begeistert ...

Wo solls den hingehen?

APHRODITE

Nach Zypern.
Da haben meine Eltern ein kleines Haus.

PANDORA

Schön ...

APHRODITE

Einfach mal am Strand liegen, keine Typen, kein Stress, ...

Schließt ihren Stand ....

MUSIK INTRO

Rolladen zu, malt sich etwas grotesk die Lippen an, sagt dann bestimmt zu beiden:

Irgendwann ist alles *ausgelutscht*!

Aphrodite winkt, dreht sich um ...
wird verträumt ...

... und jetzt: Einfach das Meer sehen, den Wind spüren –
und nur Sonne und Salz auf der Haut – und sonst gar nichts!
Ich bin denn mal weg ... Tschüüüüs ...

LYSISTRATA

Dann alles Gute!

PANDORA

Alles Gute!

Aphrodite ab.

PANDORA

Wenn selbst Aphrodite die ‹*Flinte*› ins Korn wirft –
dann ist nichts mehr, wie es war ...

Lysistrata zeigt Pandora ein Kleid, hält es vor sich hin

LYSISTRATA

Na, wie steht es mir ...?

PANDORA

absichtlich mißverstehend, schelmisch grinsend

Was soll hier stehen...?

LYSISTRATA

Gespielt erbost

Jetzt ist genug!!! Steht' oder steht nicht!

PANDORA

versönlich

Natürlich steht's dir.
Du kannst alles tragen.

LYSISTRATA

Schmeichlerin! Hast du die Büchse dabei?

PANDORA

Ja! Hab ich!

LYSISTRATA

Und du machst es?

PANDORA

Wie ich es dir gesagt hab!
Fest entschlossen!

LYSISTRATA

Toll!

PANDORA

Kann ja nichts passieren.

LYSISTRATA

Da bist du dir sicher?!

PANDORA

Ja! Sicher! Habs ausprobiert:
Hab die Büchse ganz weit geöffnet –
und es kam NICHTS heraus! *Gar nichts!*
Sie war einfach leer.

LYSISTRATA

Überhaupt nichts drin?

PANDORA

Ja! Ne Büchse mit nix drin! Tolle Geschichte, was?!

LYSISTRATA

Und deswegen haben sie in der ganzen Geschichte sonne rie-
sige Geschichte draus gemacht! Alles *NICHTS*?!

PANDORA

Also, nicht ganz NICHTS.

LYSISTRATA

Dann war doch was drin?

PANDORA

Jawoll.
Ich hab überhaupt erst einmal hinein geschaut,
nachdem nichts raus kam.
Hat sich ja vorher niemand getraut.

LYSISTRATA

Ja ...? Und ...?
Machs nicht so spannend!!!

PANDORA

Es war ein Spiegel drin, die ganze Büchse war ein einziger Spiegel, von allen Seiten Spiegel.
Egal wie man reingeschaut hat, man hat immer sich selber gesehen.

LYSISTRATA

Hat das denn niemand gemerkt?

PANDORA

Zum Ersten hat sich niemand getraut, die Büchse zu öffnen.
Und zum Zweiten erkennen sich die Menschen selten,
wenn sie in den Spiegel schaun ...

LYSISTRATA

Mann! Das ist krass!

PANDORA

Die ganze Geschichte war alles eine Art Spuk!
Ne *Hypnose* – von der Götter Gnaden ....

(*energisch*)

Dieser Zeus!!!

Kleiner Donner im Hintergrund

PANDORA

Oh ...?!

Beide lachen ...

LYSISTRATA

Ne Hypnose? – Die ganze Geschichte?

PANDORA

Ja, diese Geschichte.
Den Rest überlassen wir den Göttern ...

LYSISTRATA

Wenn das man gut geht ...
Und was machst du jetzt?

PANDORA

(lacht)

Mit der Hypnose?! Ich bin aufgewacht!

LYSISTRATA

Weiß ich doch! Ich meine, mit der Büchse?

PANDORA

Hinten, die Straße runter, gibt es einen Antiquitäten-Laden.
Da versuch ich's mal.

Es donnert nochmals – beide schauen sich an, grinsen ...

LYSISTRATA

Gute Idee. Ist ja ein schönes Stück.
Kunstvoll gearbeitet.

PANDORA

Hätte mir sofort auffallen müssen,
dass ein Haudegen wie der Vulkano
sowas nicht hinkriegt.

LYSISTRATA

Hinterher ist man immer klüger ...

PANDORA

... besonders, wenn man die Götter durchschaut hat.

Heftiger Donner ...

Beide schauen sich fragend an ...

LYSISTRATA

Also! Was ist ...?

PANDORA

Auf zum Antiquariat! – Die Büchse verkaufen!

LYSISTRATA

Ich glaub, wir brauchen 'nen Regenschirm!

PANDORA

Kriegen wir im Erdgeschoss.

LYSISTRATA

Und nachher ab in den Ausgang –
ins volle Menschenleben ...!!!

PANDORA

lachend beim Abgehen zu Lysistrata

Mann, Mann, Mann ...

Sie gehen ab

Regengeräusche (von draußen) beginnen ...

VORHANG

7. CODA

KÖNIG ARTHUR

Regengeräusche nahe

König Arthur kommt mit aufgespanntem Regenschirm von der Seite vor den Vorhang gelaufen, hält sein Excalibur in der anderen Hand vor sich, schaut sich um – zum Publikum, englischer Akzent.

KÖNIG ARTHUR

Entschuldigen Sie! – Pardon!

Entnervt zu sich

Immer dieser Regen!

Suchend ins Publikum

Weiß hier jemand, wo der Antiquitäten-Laden ist???
Es ist dringend! Ich muss Excalibur verkaufen –
die Hypotheken von Camelot ... you know ...

Mein Gott, diese Gogomodematae ...!

schaut sich nochmals um, irrt ab

BLACK

APPLAUS.....

Die Figuren

Lysistrata / Lissy Strathen

Die Antike und die Heutige. Heeresauflöserin.

Pandora / Dora Panne

Die Antike und die Heutige
Als erste Frau wird Pandora auf Geheiß des Göttervaters Zeus von Hephaistos aus Lehm geschaffen, um Rache für den Diebstahl des Feuers durch Prometheus zu nehmen. Um sie verführerisch zu gestalten, wird sie von den Göttern mit vielen Gaben (Schönheit, musikalischem Talent, Geschicklichkeit, Neugier, Übermut usw.) ausgestattet. Schließlich tauft Hermes sie auf den Namen Pandora, den bereits Hesiod als die «Allbeschenkte» erklärt (Hesiod, Werke und Tage, 81f.), und bringt sie auf Geheiß des Zeus zu Epimetheus, dem Bruder des Prometheus. Letzterer («der vorher Bedenkende») hatte davor gewarnt, Geschenke des Zeus anzunehmen, doch der Bruder («der nachher Bedenkende») ignoriert die Mahnung. Pandora (oder ihr Mann Epimetheus) öffnet die Büchse, die ihr von Zeus mitgegeben wurde, und die darin aufbewahrten Plagen kommen in die Welt. Bevor auch die Hoffnung (griechisch elpis) aus der Büchse entweichen kann, wird diese wieder geschlossen. So wird die Welt ein trostloser Ort, bis Pandora die Büchse erneut öffnet und auch die Hoffnung in die Welt lässt. Aber das Goldene Zeitalter, in dem die Menschheit von Arbeit, Krankheit und Tod verschont blieb, ist endgültig vorbei.

Aphrodite / Liebesgöttin

Griechische Göttin, verbindende Figur, die zeitlose Verführerin, spendet Leben, führt in den Abgrund, schmeichelt, betrügt, ambivalent, paradox. Aphrodite, Oberkörper nackt, nur die Vagina hinter einem Gürtel mit verzierter Spirale verborgen, hält ein Zepter in form eines Phallus. Schwester der Persephone, Göttin der Unterwelt

Persephone / Unterwltlerin

Griechische Göttin, verbindende Figur, führt in den Abgrund, schmeichelt, betrügt, ambivalent, paradox.
[Vorderseite ist Aphrodite, Oberkörper nackt, Rückseite ist Persephone, Göttin der Unterwelt]

Hannibal / Feldherr

Zeichnete sich durch ein für seine Zeit ungewöhnliches Bewusstsein über die Möglichkeiten und Grenzen von Zeit und Raum für militärische Manöver aus. Um einem römischen Angriff auf Spanien zuvorzukommen, überschritt er mit wahrscheinlich mehr als 50.000 Soldaten, 9.000 Reitern und 37 Kriegselefanten auf einem heute nicht mehr genau zu bestimmenden Pass (möglicherweise Col de Clapier, Col de Montgenèvre, oder Mont Cenis [1]) die winterlichen Alpen und gelangte durch das Gebiet der Salasser nach Aosta und Ivrea. Das Heer erlitt in den Alpen schwere Verluste, konnte jedoch mit Kelten aus der Po-Ebene verstärkt werden.

Jeanne d'Arc / Freiheitskämpferin

gleiche Schauspielrin wie Xenia
* um 1412 in Domrémy, Lothringen; [U+2020] 30. Mai 1431 in Rouen),
im deutschsprachigen Raum auch Johanna von Orléans oder die
Jungfrau von Orléans genannt, ist eine französische Nationalheldin und
Heilige der katholischen und der anglikanischen Kirche.
Während des Hundertjährigen Krieges führte sie die Franzosen gegen
die Engländer. Durch Verrat wurde sie von den Burgundern gefangen
genommen und an die mit ihnen verbündeten Engländer verkauft.
Ein Kirchenprozess sollte sie diskreditieren. Unter dem Vorsitz des
Bischofs von Beauvais, Pierre Cauchons, der den Engländern nahe
stand, wurde sie wegen einiger Verstöße gegen die Gesetze der Kirche
verurteilt und auf Befehl des englischen Königs auf dem Marktplatz
von Rouen auf einem Scheiterhaufen verbrannt.
24 Jahre später strengte der Vatikan einen Revisionsprozess an und
hob das Urteil im Jahre 1456 auf. Johanna wurde zur Märtyrerin erklärt,
1909 selig- und von Papst Benedikt XV. 1920 heiliggesprochen.
Ihr Gedenktag ist der 30. Mai.

Napoleon Bonaparte

Napoleon Bonaparte, als Kaiser Napoleon I. (frz. Napoléon Bonaparte
bzw. Napoléon Ier; * 15. August 1769 in Ajaccio auf Korsika als
Napoleone Buonaparte[1]; [U+2020] 5. Mai 1821 in Longwood House
auf St. Helena im Südatlantik), war ein französischer General,
Staatsmann und Kaiser.
Der katastrophale Ausgang des Feldzugs gegen Russland, dort als
Vaterländischer Krieg bezeichnet, führte letztlich zum Sturz Napoleons.
Nach einer kurzen Phase der Verbannung auf Elba kehrte er für
hundert Tage an die Macht zurück. In der Schlacht bei Waterloo wurde
er endgültig besiegt und zuletzt bis zu seinem Lebensende auf die
Insel St. Helena verbannt.

Xenia / Kämpferin

Schwertführende Kämpferin aus einer Fernseh-Serie
gleiche Schauspielrin wie Jeanne D'Arc

Mona, Pito

Hinterhofbewohnerinnen

Sisyphos

oder das Ende der Ewigkeit

ISBN-13: 9783756214099

Ein Drama -
eine Komödie -
ein Theaterstück.

Sisyphos ist die Geschichte eines Menschen, vielleicht des Menschen schlechthin. Sisyphos hat viele Gesichter. Sisyphos ist ein Archetyp des heutigen Menschen. Sisyphos ist eine Sammlung von Lebensaspekten. Sisyphos ist die Frage nach der Arbeit überhaupt. Sisyphos ist auch die

Frage nach dem Grund für des Menschen Einkommen. Auf der Suche nach einem Sinn wird es immer deutlicher, daß die richtigen Fragen wichtiger sind als die Antworten.

Dieses Theaterstück zeigt die verschiedenen Gesichter des Menschen und der Götter, und ihrer beider Maskeraden, und spielt mit einer Vielzahl ihrer Kuriositäten und Bedingtheiten - bis hin zu...

Nun, was wirklich geschieht, das kann sich erst am Ende

Hans von Holt

Sisyphos

oder das Ende der Ewigkeit

Ein Theaterstück

Tutti Fun Cosi

Libretto Mozartiana

Was Mozart wirklich sagen wollte
Eine Persiflage
ISBN 978-3-7562-0338-3

Mozart hätte durchaus seinen Spaß daran gehabt.

Hier wird ein Komponist / Arrangeur gesucht, der ebenfalls seinen Spaß an der Umsetzung dieses Librettos hat.

Don Giovanni, dessen heldenhaftes Image hier bröckelt, sieht sich in einem Umfeld, welches bisher noch nicht bekannt wurde.

Alles, was bisher klar und geordnet war, gerät zusehends durcheinander. Auch das dramatische Ende, wie es bisher auf der Bühne zu sehen war, scheint mehr Dichtung als Wahrheit zu sein.

Ein «Happy End» soll jedem individuell gewährt sein …

An Hand des Geschehens um Don Giovanni wird die Handlung persifliert und mit anderen Opern und Songs vermischt.

Am Ende wird eine parodierte «Paarung» in einem Schluss-Oktett Die Handlung beschließen.

Warten auf G

Dialog für zwei Personen

Etüde aus Absurdistan

Ein Bühnenstück

Eine Hommage an
Samuel Becket

ISBN 978-3-7562-3263-5

https://www.vonholt.ch/theater/